AF259661

DERNIERE RÉPONSE

D'ALEXANDRE BESSON,

AUX LIBELLES

DE BRIOT.

Meliùs non tangere, clamo.

(HORAT.)

J'AVAIS pensé que Briot, averti par sa propre conscience, ne me forcerait pas à quitter le ton de modération que j'ai pris dans ma première Réponse : mais puisque, dépouillant toute pudeur, il vient de publier un nouveau libelle où il entasse les faits les plus invraisemblables et les plus contradictoires, où il s'efforce de reporter sur moi l'infamie qui l'accable, je vais lui répondre pour la derniere fois; je serai court : je n'ai pas pris dans les clubs de 1793 l'habitude de déclamer longuement en répétant mille fois des mots insignifians et vides de sens.

Parmi les accusations que Briot dirige contre moi, on doit distinguer les reproches qu'il me fait sur mon origine et sur ma fortune, qu'un aristocrate (comme Briot l'était dans les premiers tems

A

de la révolution) n'eût pas osé m'adresser (1).
Briot oserait-il se vanter de ses ayeux ?

Ma fortune est la même qu'elle était avant la
révolution. Briot en impose sur tous les points à
cet égard. Je ne répéterai point les explications que
j'ai données dans ma derniere réponse, soit sur cet
objet , soit sur d'autres que Briot rappelle encore
dans sa seconde notice ; je les crois satisfaisantes
pour tout autre que pour Briot.

Au surplus , ou je l'aurais acquise durant mes
fonctions de représentant du peuple , ou depuis
qu'elles ont cessé.

Au premier cas , c'est , suivant Briot , par le
moyen de la vente du mobilier de la liste civile et
à l'aide des fonds que j'ai eu en mains pour mes
dépenses dans mes missions.

Briot ment quand il dit que j'ai été commissaire à la vente du mobilier de Versailles : je n'ai
été qu'à Rambouillet ; le compte en est rendu : il

---

(1) Briot était , au commencement de la révolution , précepteur du fils du ci-devant conseiller au
parlement Detrevillers. Il imaginait qu'il devait être
aussi aristocrate que son maître. Il a si bien formé
son éleve dans les principes républicains , qu'il est
émigré : c'est une ressource pour Briot , en cas de
besoin.

(3)

peut le voir dans les bureaux des finances (1).

Il ment quand il dit que j'ai fait d énormes dépenses en mission : j'ai été envoyé aux salines de la Meurthe, dans la Haute-Marne, dans le Jura, dans le Mont-Blanc, dans le Bas-Rhin. Je suis parti de Paris le 28 thermidor an 2 ; ces missions ont duré six mois : j'ai pris en partant six mille francs en assignats à la trésorerie ; j'ai touché quinze cents francs du receveur du district de

––––––––––––––––––––––––––––––––––––

(1) Les représentans du peuple n'étaient pas chargés de vendre et de recevoir le prix du mobilier ; ils surveillaient la confection des inventaires et toutes les opérations ; mais il y avait près de chaque commission des huissiers priseurs nommés par le comité des domaines, pour faire les ventes et en toucher le prix : ils étaient responsables. Les cit. Genest et Sicard ont été chargés de la vente de Rambouillet : leur compte a été rendu au comité des domaines dans le tems ; mais comme ils avaient fait des crédits, et que leur rentrée ne s'est pas faite promptement, leur compte n'a été arrêté et approuvé que depuis l'établissement du régime constitutionnel, et c'est par le ministre des finances, comme il devait l'être. Voilà ce que le cit, Briot ne concevait pas et qui motivait ses grands soupçons. Celui des dépenses particulieres de mon collegue Robin et de moi a été rendu à la commission des inspecteurs : à cette époque on ne les imprimait point.

A 2

Condat-Montagne ; cinq mille francs du payeur du département du Jura , et trente mille francs du receveur des salines de Dieuse : sur cette somme de quarante-deux mille cinq cents francs assignats, j'ai payé jusqu'à la concurrence de six mille francs la depense du cit. Nicolas , commissaire envoyé dans les salines avec moi par la commission des armes et poudres ; j'ai payé sept mille francs as-signats pour la dépense d'un préposé que j'ai en-voyé en Suisse , pour arrêter , avec tous les can-tons, l'état des fournitures des sels ; j'ai payé douze cents quatre-vingt-sept francs au cit. Rozintrit , que j'avais chargé de visiter les salines du Palati-nat, et d'en faire un rapport; mes frais d'impression se sont élevés à trois mille francs ; reste *vingt-cinq mille trois cents treize livres assignats* , qui ne va-laient pas , sur-tout dans le département frontiere où je me trouvais, *quatre mille francs numéraire ;* et la somme de deux mille francs qui se trouvait dans le porte-feuille qui m'a été volé à Béfort , y est comprise (1).

---

(1) Ici tombe la fable que Briot a faite lui-même de la perte de mon porte-feuille, contenant cinquante mille écus. On remarque la perfidie de cet homme ingénieux à profiter des événemens les plus indifférens, pour élever les soupçons les plus injurieux.

(5)

Il faut convenir que si le luxe que j'étalais avec cette somme, pendant six mois, était magnifique, il n'était du moins pas cher.

A la suite de cette mission , j'ai obtenu un congé pour rétablir ma santé.

A mon retour à Paris , au mois de germinal an 3 , je fus envoyé à Bordeaux : j'ai passé quatre mois dans cette commune ; j'ai emporté dix mille francs assignats , touchés à la trésorerie le 29 germinal ; le payeur général à Bordeaux m'a remis vingt mille francs le 9 messidor , et cinquante mille francs le 24 thermidor ; ensemble , quatre-vingt mille francs , qui valaient à peine trois mille francs écus.

J'aurais pu dépenser moins sans doute, si j'avais su , comme Briot , mettre en requisition (1). Les dépenses de toutes mes missions , qui ont duré six mois, peuvent s'élever à sept ou huit mille francs valeur réelle.

Ai-je pu prendre sur cette somme de quoi jetter les fondemens de cette brillante fortune dont Briot me gratifie ? Il peut vérifier à la trésorerie , où se

____

(1) Briot n'étant que secrétaire d'un général se permettait de faire et de signer des requisitions, pour faire fournir par le cit. Fallot , de Montbéliard , son meilleur vin pour la table du général ; il faut croire que mons le secrétaire était le commensal du général.

rapportent les comptes de toutes les autres caisses, si j'ai touché davantage.

Si c'est depuis que mes fonctions ont cessé que j'ai amélioré ma fortune, je n'en dois compte à personne, et sur-tout pas à Briot, qui ne m'entendrait pas si je lui disais qu'il vaut mieux commercer que requérir, et qu'un bon citoyen, un pere de famille se doit à lui-même, doit à ses enfans, à sa patrie, de chercher à se mettre, par son travail, dans une situation indépendante : que ceux-là seuls sont mauvais citoyens qui placent leur existence dans le désordre et dans le trouble, dans le bouleversement des fortunes , dans le renversement des gouvernemens, et dans l'anarchie.

(1) Oui, je travaille pour vivre, pour élever mes

---

(1) Briot revient encore sur la ferme des salines ; je me contente de lui répondre que lorsque le bail s'est passé, je n'avais nulle influence sur leur administration : il y avait deux ans que ma mission était finie. Depuis mon rapport on avait discuté, dans les deux conseils, l'affaire des salines de maniere à la faire connaître dans ses moindres détails. J'étais persuadé, et il sera démontré que la ferme était avantageuse au gouvernement ; c'est une des meilleures operations en ce genre qu'il ait faites. Ceux qui l'attaquent, ou ne la connaissent pas, ou ne la trouvent mauvaise que parce qu'elle est avantageuse à la République, parce qu'elle améliore ses revenus, parce

enfans ; oui, et je n'en rougirai pas plus que je ne rougis de la profession de mon pere : vaudrait-il mieux *que je me fisse payer trois cents francs* par de malheureux requisitionnaires, pour solliciter leurs congés dans les bureaux de la guerre !....

Briot me reproche ma conduite et mes opi-

---

qu'elle a fourni des ressources au gouvernement. On sait qu'il y a des hommes qui combattent successivement toutes les mesures qu'il prend, soit parce qu'ils voudraient ramener ces tems déplorables, où ceux qui gouvernaient, n'étant retenus par aucun obstacle, ne connaissant aucune résistance, pouvaient impunément et sans forme employer les hommes et les choses ; soit parce qu'ils voudraient éloigner du service de la République les bons citoyens, les hommes fermes et courageux qui ne se laissent pas effrayer pas les clameurs.

Briot, pour faire croire que les fermiers font des bénéfices énormes, rapporte les calculs du baron de Beust, l'ami de Barbé-Marbois ; il ne lui coûtait rien d'exagérer : il demandait les salines en régie ; il ne s'agissait pour lui que de les obtenir ; il s'inquiétait peu de la maniere dont il remplirait ses promesses ; il savait bien qu'une régie ne paie finalement que moins qu'elle n'a reçu. Le gouvernement n'a pas été dupe d'une semblable proposition ; il avait besoin de connaître sur quels produits il pouvait compter : l'affermage seul pouvait les lui garantir. On verra, par la discussion que les fermiers ne redoutent point, combien sont injustes toutes les préventions que l'on répand contre

A 4

nions à la convention et en mission : tous mes collegues les ont connues, ils m'ont jugé; ils savent si jamais je changeai de marche, si jamais je m'écartai de la ligne du plus pur patriotisme, de la plus stricte probité; je votai toujours suivant ma conscience; j'oserai les interpeller tous, tous sans exception; je leur dirai : Jugez entre Briot et moi.

---

cette entreprise. Quel est l'homme de probité qui ne daignera pas au moins suspendre son jugement jusqu'à ce que le plus grand jour soit jetté sur cette affaire? et qui, sur la parole de Briot, osera croire qu'un citoyen, qui a donné constamment des preuves de patriotisme et de moralité, est devenu tout-à-coup un fripon.

Briot me jette dans toutes les entreprises; le mensonge lui est si familier qu'il lui en a peu coûté de les accumuler les uns sur les autres : il ment lorsqu'il dit que la compagnie Houard est la même compagnie que celle des salines, et que j'y suis intéressé pour un 20e.

Il ment lorsqu'il dit que je suis fournisseur au grand hôpital des enfans de la Patrie;

Il ment, quand il dit que j'ai une action dans la ferme des postes;

Il ment, quand il dit que je suis chargé, avec le cit. Audebert, de toutes especes de fournitures aux invalides.

Au surplus, on ne me trouvera jamais chargé d'aucune affaire qu'un honnête homme ne puisse avouer, soit avec le gouvernement, soit avec les particuliers.

Vous qui m'avez vu, qui m'avez observé, quel reproche pouvez-vous me faire? quels soupçons s'élevent dans votre ame contre moi? J'interpellerai sur-tout mes collegues du comité des domaines, les citoyens Treilhard, Portiez, Charles Delacroix, Montmayou, Piette, Julien Dubois, Brun et Loseau, que *sans doute je n'avais pas cru assez clairvoyans pour les en écarter*, comme le dit Briot; je leur dirai : C'est-là, c'est dans les discussions obscures d'un comité, dans l'intimité qui y regnait que vous avez pu juger mes opinions. En est-il une où j'aie manifesté une pensée qui ne fût pas d'un homme de bien? combien de fois n'avons-nous pas comprimé l'horreur que nous inspirait la tyrannie ! combien de fois n'avons-nous pas cherché à secouer l'horrible joug qui pesait sur notre patrie ! Mes collegues, c'est vous que j'atteste ! c'est vous que je prends à témoins de mes opinions ! et vous, représentans du peuple, qui avez été envoyés au corps législatif, depuis l'an 3, par les départemens où j'ai été en mission, dites si vous avez quelques reproches à me faire sur ma conduite dans vos départemens ! dites si je n'ai pas professé les principes les plus purs de patriotisme et de moralité ! dites si j'ai étalé un luxe de proconsul ! si j'y ai fait des dépenses énormes ! Je m'en rapporte à votre témoignage ; j'ai rendu justice à vos concitoyens , à vous peut-être : vous ne pouvez me refuser celle que je vous demande à mon tour , pour l'opposer à la calomnie. (Voyez, page 15 et suivantes, les lettres que je recevais des comités de gouvernement.)

Et toi Briot, toi qui en décembre 1792 contestais à la convention le droit de juger Louis XVI, et qui à la fin de janvier 1793 proscrivais ceux qui n'avaient pas voté sa mort ! toi , qui le 25 août 1793 faisais l'éloge de Marat, que tu avais traité de scélérat peu de tems auparavant ! toi qui, à la même époque , invitais le peuple au massacre, et lui demandais des victimes ! toi qui le 1er. fructidor an 2 demandais qu'on replongeât dans les cachots les malheureuses victimes du régime de la terreur, tu oses m accuser d'une réaction que ton existence dément , tu oses m'accuser d'intelligence avec les émigrés (1) !

---

(1) Briot accuse O-Relly, qui fut associé avec le cit. Catoire et moi , d'être ici l'agent de l'Angleterre. Je ne suis point le garant du cit. O-Relly : il y a deux ans que je ne lui ai parlé; mais je n'ai rien remarqué dans le tems qui puisse le faire soupçonner. Briot ment , quand il dit qu'il a disparu pour éviter les recherches de la police : en quittant le Gros-Caillou , il est allé à Creil près Chantilly, où il a élevé une manufacture; cet établissement qui a coûté beaucoup , est connu

Ce fait, les perfides insinuations dont Briot l'entoure ne persuaderont personne sans doute ; mais sa perfide audace souleve d'indignation.

Briot est furieux de voir qu'il ne trouve rien dans ma conduite publique et privée qui puisse me compromettre, persuadé que ce qu'il ose avancer sur mes opinions publiques sera démenti par mes anciens collegues, témoins de ma conduite : sa rage lui inspire l'idée de m'accuser de conspiration ; mais si j'étais de la conspiration de Vikam, qui existait il y a quatre ans, pourquoi Briot a-t-il attendu jusqu'à ce moment à me traduire devant les tribunaux ?

S'il croit pouvoir le prouver, qu'il me poursuive,

---

de tout Paris et particuliérement du gouvernement. Depuis quelque tems, O-Relly est revenu à Paris où il demeure rue de Verneuil, près la rue Poitiers ; Briot peut lui demander s'il est agent de l'Angleterre. *Voilà encore une des fables de Briot.* Mais il veut absolument me trouver en rapport avec les ennemis du gouvernement.

Il fait un autre conte sur mon voyage à Amancey ; j'y suis allé pour conspirer avec la femme de l'émigré Tuiseau : mais, Briot, la femme de l'émigré demeure à Besançon ; j'y ai passé six décades avant d'aller à Amancey ; on ne m'a pas vu chez elle ; on ne l'a pas vue chez moi. Comment se fait-il que le 29 ventôse je sois allé, pour conspirer avec elle, à Amondans où elle n'était pas. Mais voici le fait, auquel vous qu'il ose me prendre corps à corps ; et sans s'égarer dans des insinuations captieuses, sans se perdre dans des allégations insignifiantes, sans se traîner sur des faits peu importans, qu'il prouve franchement que, pendant mes missions, *je me suis approprié les deniers de la République*, et, qu'à quelle époque que ce soit, j'ai été un agent des émigrés. Ah , Briot ! si dans la fureur qui t'anime tu pouvais avancer contre moi autre chose que des calomnies ; il y a long-tems que tu aurais appellé sur ma tête la vengeance des lois ! Personne ne croira que tu me ménage ! ton acharnement à m'accuser sera la preuve sans replique que tu n'es qu'un vil calom- niateur !

---

avez donné une tournure comme vous en avez l'habitude : son fermier (que je ne connaissais point auparavant , car il n'y est que depuis six mois) ayant appris que je devais aller à Amancey, à trois-quarts d'heure d'Amondans, vint m'offrir une place sur sa voiture, un charabanc du pays : je l'acceptai. Nous sommes partis de Besançon à quatre heures ; nous sommes arrivés à Amondans à neuf heures du soir ; comme il était nuit et qu'il faisait mauvais tems , j'acceptai la proposition de coucher chez lui ; je soupai avec lui seul, et le lendemain je me rendis, à pied, avec les habitans d'Amondans, à l'assemblée de mon canton. C'est ce souper que Briot appelle une orgie, et le voyage à pied est une marche triomphale.

(13)

Briot parle de mon élection ; cette impudence est aussi inconcevable que celle qui l'a porté à déclamer à la tribune contre les lâches requisitionnaires qui ne rejoignaient pas leurs drapeaux ; lui qui a été reconduit aux siens, trois fois, par la gendarmerie nationale, en vertu d'arrêtés du comité de salut public.

Il sait que les bons citoyens de mon département m'accordent leur estime et leur confiance ; il sait bien que ma présence au corps législatif contribuera à lui enlever les moyens qu'il croirait encore avoir de tenir son département sous le joug odieux de l'anarchie : il sait que je puis le signaler, que je puis révéler que son élection est due aux violences les plus horribles; qu'il a abusé de ses fonctions d'accusateur public pour décerner des mandats d'arrêts contre les juges de paix de différens cantons, la veille des élections, parce qu'il savait que leur influence ne tournerait pas à son avantage ; qu'on a chassé impitoyablement des assemblées primaires de Besançon tous ceux qui n'étaient pas connus pour donner leur suffrage à Briot ; qu'on a ouvert des tombes dans des églises où se tenaient des assemblées primaires, et menacé d'y engloutir ceux qui ne voteraient pas pour Briot. Il sait que j'ai le courage de dévoiler toutes ces horreurs, et les moyens de les prouver(1). De pareils moyens sont propres à Briot : toutes ses calomnies ne persuaderont pas que je sois capable de les employer ; il est démenti par le procès-verbal même de ses amis. Dix-huit ans d'exercice de fonctions publiques n'offrent pas à Briot un seul acte repréhensible ; il s'avise de m'accuser de vol : il se doute bien que je me disculperai facilement. Il va plus loin ; il m'accuse de conspiration : peu lui importe que cette odieuse inculpation soit détruite, pourvu qu'elle ait produit l'effet de répandre quelque défaveur sur moi, et de faire rejetter mon élection au corps législatif ; son but est rempli. Mais Briot j'aime à croire que vous êtes déja trop connu, et que je le suis suffisamment pour que vos infames calomnies ne produisent d'autre effet que celui de vous faire apprécier à votre juste valeur.

Paris, *le 15 floréal*, *an 7*. BESSON.

---

(1) Les pieces qui constatent ces faits ont été envoyées au conseil des Cinq-cents et au Directoire exécutif.

Le comité de sûreté générale , au représentant du peuple Besson , en mission dans les départemens de la Gironde et Lot-et-Garonne , à Bordeaux. Du 11 prairial an 3 de la République Française une et indivisible.

Le comité, citoyen collégue, a reçu ta lettre, datée du 3 de ce mois. Il a vu avec satisfaction que tu avais prévenu les tentatives faites par les malveillans pour troubler la tranquillité publique, et que la commune de Bordeaux est paisible. Il t'invite à soutenir le zele qui t'anime, pour faire maintenir l'ordre et l'exécution des lois par tous les moyens qui sont à ta disposition. Salut et fraternité.

Les représentans du peuple, membres du comité de sureté générale. *Signés*, Monmayou, Delecloy, Pierre Guyomard, Perrin, Courtois, Calés, Punet.

Le comité de sûreté générale , au représentant du peuple Besson, en mission dans les départemens de la Gironde et Lot-et-Garonne. Du 21 prairial an 3 de la Rép. Fr. une et indivisible.

Nous avons reçu, citoyen collegue, avec ta lettre du 15 prairial, un exemplaire de ta proclamation aux citoyens de Bordeaux, relativement aux actes de violence exercés par des jeunes gens. Le comité a trouvé dans cet écrit, les principes de républicanisme qui animent la convention nationale, et dirigent tous ses travaux. Salut et fraternité.

Les membres composant le comité de sureté générale. *Signés*, Monmayou, Lomont, L. B. Genevois, Calès.

Le comité de salut public, au cit. Besson, représentant du peuple, à Bordeaux. — Du 27 prairial an 3 de la Rép. Fr. une et indivisible.

Nous avons éprouvé, citoyen collegue, une vive satisfaction en apprenant, par les détails de ta lettre du 3 de ce mois, les heureux succès des soins que tu as pris pour maintenir le calme dans la commune de Bordeaux. Ta proclamation du 12 du courant, et le discours que tu as prononcé, étaient bien propres à remplir ce but; nous t'invitons à continuer tes efforts pour assurer la tranquillité de cette intéressante commune.

Le comité militaire a pris le   de ce mois, un arrêté par lequel il décide qu'il n'y a nul inconvénient à ce que les représentans du peuple en mission, procedent à la réorganisation des gardes nationales dans les départemens confiés à leur surveillance; ainsi, rien ne s'oppose à ce que tu te livres à cette opération à Bordeaux. Nous avons renvoyé à la troisieme division du comité, la demande que tu fais des fusils nécessaires pour l'armement de la garde nationale de cette commune, afin qu'elle nous mette à portée d'y pourvoir sans délai. Salut et fraternité.

Les membres du comité de salut public. *Signés* ; Cambacérès, *président* ; Doulcet.

Le.

Le comité de salut public, au cit. Besson, représentant du peuple, à Bordeaux. Du 29 prairial an 3 de la Rép. Fr. une et indivisible.

LE comité, citoyen collegue, t'a déjà témoigné sa satisfaction des succès que ton zele a obtenus, pour le maintien de la tranquillité publique, dans la commune de Bordeaux. C'est avec grand plaisir que nous t'en réitérons ici l'expression. Le comité voit par ta lettre, du 18 de ce mois, que le calme le plus parfait regne dans cette partie de la République, et il se plaît à reconnaître toute l'influence que ta présence à Bordeaux paraît avoir eue sur le bon esprit de ses habitans. Salut et fraternité.

Les membres du comité de salut public. *Signés,* Cambacérès, *président;* Treilhard.

Le comité de salut public, au cit. Besson, représentant du peuple, à Bordeaux. Du 3 thermidor an 3 de la Rép. Fr. une et indivisible.

NOUS avons reçu, citoyen collegue, avec ta lettre du 22 prairial, le discours que tu as prononcé le 20 à l'assemblée décadaire de la commune de Bordeaux. Les principes qui y sont développés nous ont paru être l'expression d'une ame honnête, fortement pénétrée du desir de voir la concorde et l'union se rétablir à jamais entre tous les enfans d'une même patrie. Nous aimons à croire que leur manifestation aura eu parmi les habitans de Bordeaux, tout le succès que ton zele devait en attendre; et nous voyons avec plaisir que du moins le calme le plus heureux continue à régner dans cette intéressante commune. Salut et fra ernité.

Les membres du comité de salut public. *Signés,* Cambacérès, *président ;* Reubel.

Le comité de sûreté générale, au représentant du peuple Besson, en mission à Bordeaux. Du 13 messidor an 3 de la Rép. Fr. une et indivisible.

Nous avons reçu, citoyen collegue, avec ta lettre du 3 messidor, deux exemplaires des discours que tu as prononcés aux assemblées décadaires de la commune de Bordeaux des 20 et 30 prairial. Le comité voit avec plaisir que tu recueilles le fruit de ton zele et de tes soins. Il nous est bien doux d'apprendre que Bordeaux, qui dès l'aurore de la révolution se comporta si bien, jouit toujours de la plus parfaite tranquillité, et que le meilleur esprit y regne. Il paraît que le nommé Anciau s'est jugé lui-même : l'homme innocent ne craint point l'examen de sa conduite, il attend avec calme son jugement. Le comité te félicite d'avoir, par la sagesse de tes mesures, empêché un crime que des assassins se promettaient de consommer en la personne du nommé Marcel. Nous ne doutons pas que tu n'aies pris toutes les précautions nécessaires pour faire bien garder les maisons d'arrêt, et les rendre inaccessibles aux scélérats qui égorgent des hommes sans défenses et qui sont sous la protection de la loi.

Nous avons lu le rapport fait par le capitaine suédois, sur le combat qui s'est livré le 7, nous comptons assez sur la valeur des marins français, pour croire qu'il a

tourné à leur avantage, ainsi que le présume le capitaine suédois. Salut et fraternité.

Les membres composant le comité de sureté générale.
Signés, Monmayou, C. Alex. Ysabeau, L. B. Genevois.

Le comité de salut public, au cit. Besson, représen-
tant du peuple, à Bordeaux. Du 14 messidor
an 3 de la Rép. Française une et indivisible.

Nous avons lu avec intérêt, citoyen collegue, le
discours que tu as prononcé le 30 prairial, à l'assemblée
décadaire de la commune de Bordeaux. Les principes
qui y sont développés, nous ont paru propres à entre-
tenir, dans cette intéressante partie de la République,
le calme et l'union que ta surveillance et ton zele
ont su y établir.

Nous avons renvoyé à la division de la marine,
le rapport du capitaine suédois Jansson, qui était joint
à la lettre du 3 de ce mois. Salut et fraternité.

Les membres du comité de salut public. *Signés*,
Cambacérès, *président ;* Rabaut.

Le comité de sûreté générale, au représentant du
peuple Besson, en mission dans les départemens
de la Gironde et Lot-et-Garonne. Du 15 messi-
dor an 3 de la Rép. Fr. une et indivisible.

Le comité a reçu, citoyen collegue, ta lettre du
7 de ce mois ; il voit toujours avec un nouveau plaisir,
que le calme regne à Bordeaux, et que cette cité
continue d'être digne d'elle.

Nous approuvons les mesures que tu as prises pour

parvenir à la source de la fabrication des faux assignats, saisis sur l'individu venant de l'Orient ; il nous
tarde d'apprendre que les fabricateurs et les distribu-
teurs sont mis sous la main de la loi. Salut et fraternité.

Les membres composant le comité de sureté générale.
Signés, Pierre Guyomard, Courtois, Kervelegan.

*Le comité de salut public, au cit. Besson, représen-
tant du peuple, à Bordeaux. Du 17 messidor
an 3 de la Rép. Française une et indivisible.*

Nous avons reçu, citoyen collegue, avec ta lettre
du 9 de ce mois, le paquet venant de Philadelphie,
qui t'a été remis pour nous, par un capitaine de navire
américain.

Nous t'avons déjà exprimé toute notre satisfaction
des soins par lesquels tu as réussi à maintenir le calme
dans la commune de Bordeaux.

C'est avec plaisir que nous t'en réitérons ici l'as-
surance. Salut et fraternité.

Les membres du comité de salut public. *Signés*,
Cambacérès, *président* ; Treilhard.

*Le comité de salut public, au cit. Besson, représen-
tant du peuple, à Bordeaux. Du 17 messidor
an 3 de la Rép. Française une et indivisible.*

Nous avons reçu, citoyen collegue, avec ta lettre
du 7 du présent mois, l'arrêté que tu as pris pour
completter les autorités constituées de Bordeaux.

Le comité ne peut qu'applaudir au zele que tu n'as
cessé de déployer, pour le maintien de la tranquillité
dans cette commune, et c'est avec une vraie satis-

faction qu'il en apprend les heureux effets. Il va prendre à l'égard du porteur de faux assignats que tu as fait arrêter, les mesures qu'exigent le bon ordre et la sureté de la fortune publique. Salut et fraternité.

Les membres du comité de salut public. *Signés*, Cambacérès, *président* ; Rabaut.

Le comité de sûreté générale, au représentant du peuple Besson, en mission à Bordeaux. Du 5 thermidor an 3 de la Rép. Fr. une et indivisible.

Nous avons reçu, citoyen collegue, avec ta lettre du 17 messidor, un exemplaire du discours que tu as prononcé à l'occasion de l'anniversaire du 14 juillet. Le comité applaudit à l'heureux résultat des mesures que tu as employés pour calmer l'effervescence d'une jeunesse bouillante et facile à séduire ; continue à faire jouer tous les ressorts de la prudence et de l'énergie. C'est envain que les royalistes s'agiteraient et chercheraient à égarer quelques citoyens ; que pourra la volonté et les effors d'un petit nombre d'ennemis de la patrie, contre la volonté et les efforts de tant de Républicains ? Quant à la demande d'armes que tu fais pour la garde nationale de Bordeaux, nous l'avons rènvoyée au comité de salut public. Salut er fraternité.

Les membres du comité de sureté générale. *Signés*, Lomont, Bailly, Pienet.

Le comité de salut public, au cit. Besson, représentant du peuple, à Bordeaux. Du 5 thermidor an 3 de la Rép. Française une et indivisible.

Les détails que tu nous transmets, citoyen collegue,

par ta lettre de 27 messidor, sur les mouvemens que la malveillance 'a cherché à exciter dans la commune de Bordeaux ; et le rapprochement des faits qui s'y sont passés, avec ceux qui ont eu lieu depuis quelques tems à Paris, ne permettent pas de douter qu'ils ne soient l'effet d'une combinaison coupable entre les ennemis de la liberté, répandus sur divers points de la République. Le courage et l'énergie de la convention nationale déjoueront successivement toutes les manœuvres de ce genre ; et l'établissement prochain d'une constitution républicaine affermira pour jamais l'ordre et la tranquillité. Le comité se plaît à rendre justice au zele et à la fermeté que tu as su déployer dans les départemens confiés à ta surveillance.

Quant à la nécessité d'y conserver un représentant du peuple, c'est au comité de sureté générale, chargé de la police intérieure, qu'il appartient plus spécialement d'en juger ; nous lui renvoyons à cet effet copie de ta lettre.

Nous avons lu avec intérêt le discours que tu as prononcé le 26 messidor au temple de la Raison, à l'occasion de l'anniversaire du 14 juillet 1789. Salut et fraternité.

Les membres du comité de salut public. *Signés*, Cambacérès, *président* ; Gamon.

Le comité de salut public, au cit. Besson, représentant du peuple, à Bordeaux. Du 15 thermidor an 3 de la République Française une et indivisible.

Nous avons reçu, citoyen collegue, ta lettre du 7

de ce mois , elle nous a paru remplie de vues sages et judicieuses , sur les moyens d'améliorer la situation politique de la plupart des grandes communes de la République. Nous examinerons , avec tout l'intérêt dont un tel objet est digne , jusqu'à quel point ces moyens sont applicables à l'importante commune de Bordeaux , et ce qu'il est possible de faire à l'égard des propriétaires de vins , auxquels il en a été acheté au *maximum* pour le compte du gouvernement.

Salut et fraternité , les membres du comité de salut public. *Signé* , Cambacérès , *président ;* Doulcet.

Caley
R Jacob 14